LA
DISCIPLINE
MILITAIRE
DU NORD.

LA DISCIPLINE

MILITAIRE

DU NORD,

DRAME EN QUATRE ACTES,

EN VERS LIBRES,

PAR M. MOLINE;

REPRÉSENTÉ pour la premiere fois sur le Théatre
des Tuileries, par MM. les Comédiens Français ordi-
naires du Roi, le 12 Novembre 1782.

Prix, 36 fols.

D'''Nᵒ 3424.

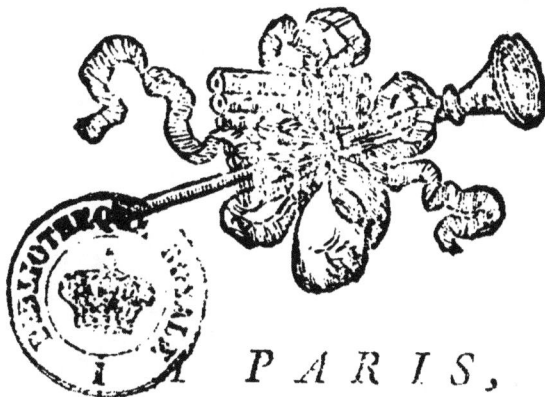

A PARIS,

Chez J.-Fr. BASTIEN, Libraire, rue du Petit-
Lion, Fauxbourg Saint-Germain, près du Théatre
Français.

M. DCC. LXXXII.

AVERTISSEMENT.

LE Drame de la Difcipline Militaire du Nord eft imité d'une Piece Allemande de la compofition de M. Goëthe, qui a pour titre : *Waltron*, ou *la Subordination*. Quoique cette Piece ne foit pas au rang des meilleures Comédies de l'Allemagne, elle ne laiffe pas d'avoir un vrai mérite, foit par fes fituations neuves & intéreffantes, foit par fon originalité : d'ailleurs elle ne refpire que la plus faine morale.

En adaptant ce fujet dramatique à notre Théatre Français, j'ai été contraint de le dépouiller de plufieurs tournures de phrafes germaniques & de quelques Scenes qui peut - être n'auroient eu aucun fel dans notre idiôme : ce qu'il eft aifé de vérifier en le comparant avec

A iij

la même (1) Piece imprimée & tra-
duite littéralement d'après le texte ori-
ginal.

Ce Drame a été représenté pour la
premiere fois, en cinq Actes & en profe :
le jugement de MM. les Comédiens fe
trouvant d'accord avec celui du Public,
nous avons fupprimé à la feconde Repréfentation, prefque un Acte entier
& un rôle épifodique inutile : c'eft
fur-tout au zele & à l'intelligence de
l'Acteur célebre, que je fuis redevable
de tous les changements qui furent faits
à cet Ouvrage d'un jour à l'autre ;
changements d'autant plus heureux, que
cette Piece raccourcie a mérité depuis
un fuccès affuré & un fuffrage unanime.
C'eft à la follicitation de plufieurs per-
fonnes de goût & de quelques Directeurs
de Théatres de Province, que je me

_____

(1) Elle fe vend chez M. *Cellot.*

suis déterminé à la mettre en vers, & à la faire imprimer. Si ce Drame peut avoir encore aſſez de mérite pour fixer le ſuffrage du Public, lorſqu'il reparoîtra ſur la Scene, je regarderai toujours mon travail comme très-peu de choſe : c'eſt au génie de M. Goëthe & aux talents ſublimes des Acteurs, que j'attribuerai toute la gloire du ſuccès.

A iv

ACTEURS.

LE COMTE DE BEMBROCK,
Colonel du Régiment.   M. Vanhôve.

LICTENER, *Aide-de-Camp.*   M. Marſi.

LE BARON DE VINTAIRE,
premier Capitaine.   M. Fleuri.

LE COMTE DE VALTON,
ſecond Capitaine.   M. Molé.

VILLEFORT, *premier Lieutenant.*   M. Florence.

FALMOUTH, *ſecond Lieutenant.*   M. Dazincourt.

LE COMTE DE ROSBOURG,
troiſiem Lieutenant, âgé de quinze ans. Mlle. Fanier.

LE MAJOR.   M. Dorival.

UN SERGENT.   M. Dugazon.

UN SOLDAT.   M. Guiardelle.

LE PRINCE DE ✻✻✻.   M. Grammont.

Perſonnages muets. { Un Auditeur.
Un Prévôt.
Un Capitaine commandant.
Troupe de Soldats.

Suite de la Comteſſe de Valton.

ACTRICES.

SOPHIE, *femme du Comte de Valton.* Mlle. Doligni.

FLORINE, *ſuivante de Sophie.*   Mlle. Ollivier.

UNE VIVANDIERE.   Mlle. Lachaſſaigne.

JULIE, *Servante de la Vivandiere.*   Mlle. Joli.

La Scene eſt dans un Camp.

LA DISCIPLINE
MILITAIRE DU NORD,
DRAME.

ACTE PREMIER.

(*Le Théatre repréfente un Camp : on voit fur la gauche l'entrée de la tente d'une Vivandiere, devant laquelle il y a plufieurs tables & des chaifes.*)

SCENE PREMIERE.
FALMOUTH, VILLEFORT.

(*Falmouth eft affis auprès d'une table où il y une bouteille & un verre ; il boit par intervalle, pendant que Villefort fe promene devant lui d'un air inquiet*). *La Scene fe paffe au point du jour.*

FALMOUTH.

Qu'AS-TU donc, Villefort ? tu n'as pas l'air content: Qui pourroit altérer ton humeur agréable ?

VILLEFORT.

Je ne fais.... le sommeil m'accable;
Je voudrois dormir un inftant;
Mais tu connois mon Capitaine,
Tu fais qu'il eft toujours levé de grand matin;
S'il me trouvoit couché, pendant une femaine
Il gronderoit, j'en fuis certain :
Il nous donne l'exemple, & nous devons le fuivre.

FALMOUTH.

D'accord : mais j'ai paffé la nuit ainfi que toi,
J'en pafferois encor une autre.

VILLEFORT.

Eh bien! pour moi,
Je ne le ferois pas. Ta maniere de vivre
A mon tempérament ne fauroit convenir,
J'aime mieux le repos.

FALMOUTH.

Fi, tu devrois rougir;
Le repos ?.... un foldat ne doit point le connoître:
Il n'eft rien, quand il veut, dont il ne vienne à bout;
Et dans quelqu'état qu'il puiffe être,.
Il doit s'accoutumer à tout;
Au milieu des travaux fon ame eft endurcie....
Allons, bois avec moi, tu t'en porteras mieux. (*Il boit*).

VILLEFORT.

Non, Falmouth, je te remercie....

Je fens un mal de tête affreux ;
Je prendrai du café......

FALMOUTH.

Parbleu, mon camarade,
La tête de Rosbourg doit être bien malade
Aujourd'hui, car il a perdu deux cents louis
En jouant avec moi cette nuit.

VILLEFORT.

Je t'affure
Qu'il en eft bien fâché.

FALMOUTH.

Pour finir l'aventure,
J'ai régalé tous nos amis :
Oh ! je n'ai pas plaint la dépenfe.....(*Il boit*),
Et nous nous fommes bien amufés, fur ma foi
Conviens-en ?....

VILLEFORT.

Un peu trop : c'eft une extravagance,
Dont plufieurs Officiers font indignés....

FALMOUTH.

Pourquoi?
Il faut bien jouir de la vie ;
Peut-être ce bonheur ne fera pas fort long.

SCENE II.

FALMOUTH, VILLEFORT,
JULIE, *portant le café.*

JULIE, *à Villefort.*

Voici votre café, Monſieur.

(*Villefort s'aſſeoit & prend le café.*)

FALMOUTH.

Ah! c'eſt Julie!

JULIE.

Oui, Monſieur.

FALMOUTH.

Quel minois frippon!
Elle eſt chaque jour plus jolie:
Ecoutez, mon enfant.

JULIE, *s'approchant de lui.*

Eh bien! que voulez-vous,
Monſieur? parlez....

FALMOUTH.

Il faut déjeûner avec nous.
Que peut-on vous offrir, la belle?
Souhaitez-vous du café?...

JULIE, *en s'en allant.*

Non, je ne l'aime pas.

FALMOUTH, *la retenant.*

Attendez....

JULIE.

Non, Monfieur, ma maîtreffe m'appelle...

FALMOUTH.

Un moment....

JULIE.

Pourquoi donc retenez-vous mes pas ?

(Elle fe débarraffe de fes mains , & fait le tour d'une table pour éviter les pourfuites de Falmouth.)

VILLEFORT.

Laiffe-la donc fortir.

FALMOUTH, *courant après Julie.*

Non, non.

(Julie , en voulant s'enfuir , fe jette dans les bras de Valton qui arrive.)

SCENE III.

FALMOUTH, VILLEFORT, JULIE,
VALTON, LA VIVANDIERE.

VALTON, *repouffant Julie.*

MADEMOISELLE,

Eh bien! que veut dire ceci....

(*A Falmouth & Villefort*).

Vous faites là, Meffieurs, un charmant exercice ;
Doit-on fe comporter ainfi?.....
Je viens fort à propos pour que ce jeu finiffe.

JULIE, *à Valton, en baiffant les yeux.*

Ah! Monfieur !...

LA VIVANDIERE, *à Valton.*

Qu'eft-ce donc?

VALTON, *avec humeur, à la Vivandiere.*

Madame, affurément
Si vous ne contenez vos jeunes demoifelles,
Je vous ferai fortir du camp....

LA VIVANDIERE.

Monfieur, quel eft l'objet de vos plaintes contr'elles ?...

(*A Julie*).

Qu'avez-vous fait?...

JULIE.

Moi, rien, je vous jure...

MILITAIRE. 15

VALTON, *à la Vivandiere.*

(*Aux Lieutenants*). Il suffit.
Voilà le dénouement de cette comédie
Que vous avez voulu nous donner cette nuit;
(*A Villefort*).
Et vous étiez auſſi, Monſieur, de la partie;
J'en ſuis très-mécontent.

VILLEFORT.

Je n'ai point fait de mal.

VALTON.

Quelle honte! Peut-on ainſi jouer & boire
Pendant toute une nuit!

FALMOUTH, *en souriant.*

C'eſt un petit régal
Que j'ai donné.

VALTON.

Comment? vous trouvez de la gloire
A déranger tous nos ſoldats,
A troubler le repos d'une brigade entiere
Par le plus horrible fracas?
Non, Monſieur, ce n'eſt point ce qu'il convient de faire:
Le Général eſt chef de notre Régiment;
Raiſon de plus en ce moment
Pour nous conduire tous avec plus de décence,
Et donner à chacun l'exemple dans le camp.

VILLEFORT.

Pour moi, c'est ainsi que je pense.

VALTON.

Tant mieux pour vous, Monsieur : l'Enseigne Desmaréts,
Pour avoir pris trop de licence,
Vient d'être condamné pour trois jours aux arrêts.

FALMOUTH.

Cela n'est pas nouveau pour lui, mon Capitaine :
Il y passe toujours un tiers de la semaine.

LA VIVANDIERE, *à Valton.*

Peut-être a-t-on pour lui trop de sévérité?...

VALTON.

Madame, le devoir doit être respecté,
Il ne faut jamais qu'on l'enfreigne :
Ne prenez point enfin le parti de l'Enseigne,
Et prévenez chez vous le désordre & l'éclat....
C'est assez..... qu'on m'apporte ici du chocolat.

LA VIVANDIERE.

Nous venons à l'instant d'en faire
Pour le Capitaine Vintaire;
On va vous le donner, si c'est votre désir....

VALTON.

Non : faites-en pour moi; Vintaire peut venir,
Et je ne veux pas qu'il attende. ...

LA

LA VIVANDIERE.

Je vais exécuter ce que Monfieur commande.

(*Elle fort avec Julie.*)

SCENE IV.

VALTON, VILLEFORT, FALMOUTH.

FALMOUTH, *à Valton.*

Vous me paroiffez inquiet,
Monfieur le Comte.... en auriez-vous fujet ?...

VALTON.

Peut-être.... Que dit-on de nouveau? (*Il s'affied auprès
d'une table.*)

FALMOUTH.

Pas grand'chofe :
L'on ne dit rien d'intéreffant.

VILLEFORT.

Un Caporal, nommé la Rofe,
Vient d'être fufillé : c'eft contre fon Sergent
Qu'il a tiré l'épée....

VALTON.

On vient de me l'apprendre...
Ah! que je plains ce malheureux!
Oui, les ordres du Roi font des plus rigoureux :
A recevoir fa grace on ne doit plus s'attendre,

B

Si l'on manque à fon fupérieur :
Sans égard pour le rang, notre Confeil de Guerre
S'affemble & fait remplir une loi trop févere.

VILLEFORT.

Cet homme étoit plein de valeur :
On venoit de lui faire une injuftice extrême,
Il n'aura pas été le maître de lui-même.

VALTON, *vivement.*

Je le crois : quand on a du cœur
La vivacité nous emporte ;
Un rien fuffit pour l'animer ;
Et lorfqu'elle devient trop forte,
Aucun frein ne peut la calmer.
Pour moi, j'ai le malheur d'avoir ce caractere ;
Je fuis né violent, & je crains ma colere ;
Elle m'expoferoit aux plus horribles maux,
Si fouvent mes amis que malgré moi j'offenfe
N'avoient point affez d'indulgence
Pour me pardonner mes défauts.

(*La Vivandiere apporte le chocolat à Valton, & enfuite fe*

VILLEFORT. *retire.)*

Par mille autres vertus aufli l'on vous admire.

VALTON, *prend fon chocolat.*

'A propos, pourriez-vous me dire
Si nous avons reçu des ordres de la Cour ?

VILLEFORT.

Non : mais il court pour vous un bruit fort agréable
Nous fommes menacés de vous perdre en ce jour....

VALTON.

De me perdre?...

FALMOUTH.

Oui, Monſieur, rien n'eſt ſi véritable ;
Au quartier général on nous l'a confirmé.

VALTON.

Pour quel ſujet ?

VILLEFORT.

Le Roi , dit-on , vous a nommé
Chevalier de ſon Ordre, & Major....

VALTON, *riant*.

Quelle idée !
Moi, Chevalier, Major ! (*Il rit.*)

VILLEFORT.

L'affaire eſt décidée.

(*Valton éclate de rire.*)

SCENE V.

VALTON, VILLEFORT, FALMOUTH,
VINTAIRE.

VINTAIRE.

Mais tu ris de bon cœur, Valton, dis-moi pourquoi ?

VALTON.

C'eſt mon cher Lieutenant qui prétend que le Roi
M'a nommé Chevalier, Major.... (*Il rit.*)

B ij

VINTAIRE.

Pourquoi donc rire ?
J'en suis sûr, c'est la vérité.

VALTON.

Quoi ! tu pourrois aussi le penser ?... quel délire !

VINTAIRE.

Oui, je t'en félicite, & j'en suis enchanté.

(*La Vivandiere apporte le chocolat à Vintaire,
qui s'asseoit à la même table où est Valton.*)

VALTON.

Au quartier général l'on a fait cette histoire.

VINTAIRE.

Non : l'on ne m'en fait pas accroire.
C'est hier à souper, que le Major Thelmis
Me l'a dit avec joie ; il est de tes amis :
Chacun de nous a bu d'une amitié sincere,
Aux santés de ta femme & de ton jeune fils.....
Mais le Colonel, ton beau-frere,
Assurément doit le savoir.

VALTON.

Je n'ai pas encor pu le voir.
L'Aide-de-Camp vient de m'apprendre
Qu'à la pointe du jour, au quartier général,
On l'avoit mandé de se rendre :
Cet ordre étoit pressant, & j'en augure mal.

VINTAIRE.

D'où te vient ce mauvais augure ?
C'eſt pour toi qu'on le mande , & j'en fais la gageure.

VILLEFORT.

Moi, je le gage auſſi.

VALTON.

Vous perdriez tous deux.
Ne vous abuſez point : par quels exploits fameux
Aurois - je mérité la double récompenſe
Dont on veut m'honorer ?.....

VINTAIRE.

La belle queſtion !
C'eſt pour le prix de ta vaillance
Dans cette derniere action...

VALTON.

Quoi, pour cette action ?...

VINTAIRE.

Oui, je le certifie.

VALTON.

Je ne dois point m'en prévaloir :
Quand un ſoldat combat pour ſon Roi, ſa Patrie,
Vaincre ou périr eſt ſon devoir.

VINTAIRE.

On doit cette juſtice à ta vertu guerriere.

VALTON.

Pourquoi ?..... ce que j'ai fait, un autre eût pu le faire :
   Avec cent quarante foldats
Je cours exécuter les ordres qu'on me donne ;
   Tout-à-coup la nuit m'environne ;
Le hafard me fait voir au-devant de mes pas
Un nombreux efcadron.... alors je me replie
Derriere un petit bois qui bordoit le chemin ;
Je me cache avec foin.... Ils arrivent enfin :
C'étoit trois cents Huffards de l'armée ennemie ;
Ils enlevoient le Prince.... A ce fpectacle affreux
Je brave le danger qui menaçoit ma vie ;
Je donne le fignal, & nous tombons fur eux.
Leurs fabres, leurs fufils ne peuvent les défendre ;
   Ils font tous contraints de fe rendre ;
Je délivre le Prince avec fix Officiers,
   Et je fais deux cents prifonniers. ...
Eh bien ! ce que j'ai fait n'eft que fort ordinaire.

FALMOUTH.

Quel autre que vous l'eût ofé !

VINTAIRE.

L'entreprife du Prince étoit fort téméraire.

VALTON.

Elle lui fait honneur : s'il s'eft trop expofé
Il n'en faut accufer que fa grande jeuneffe
   Et fon efprit impétueux.

C'eſt un brave Soldat, en lui tout intéreſſe;
Il ſera quelque jour un Général fameux :
Je le prédis.

VINTAIRE.

Enfin par ton mâle courage ,
Tu viens de réparer les fautes de ſon âge,
En le ſauvant des mains des ennemis.

VALTON.

Je ne me targue point de ce foible avantage:
Si je l'ai délivré, le haſard l'a permis.

VINTAIRE.

Ce noble ſentiment t'honore.

VALTON.

Pour tout autre que lui je le ferois encore :
Tous nos Soldats ſont nos amis ,
Et nous combattons tous pour la même querelle.

VINTAIRE.

C'eſt pour récompenſer ton zele ,
Que notre auguſte Roi te comble de faveurs :
S'il t'éleve aux plus grands honneurs ,
Pourrois - tu refuſer le prix de ta victoire ?....

VALTON.

Non : mais je préfere la gloire

De les avoir fu mériter....
(L'on pourroit mal interpréter
Un excès de délicateffe.)
L'eftime de mon Roi doit feule me flatter :
L'honneur de le fervir eft ce qui m'intéreffe.
  Quant à la charge de Major
Dont veut me décorer fa bienfaifance extrème,
  En l'acceptant, c'eft à toi-même,
  Mon ami, que je ferois tort :
  Comme au plus ancien Capitaine,
C'eft à toi déformais qu'il faut qu'elle appartienne:
Mon cœur fur cet objet ne fauroit balancer.

VINTAIRE.

  S'il faut que mon ami l'obtienne,
  Puis-je jamais m'en offenfer ?
L'hommage qu'on te rend ne me fait point envie.

SCENE VI.

Les précédents, UN SOLDAT.

LE SOLDAT, à Vintaire.

Monsieur, notre Major vous prie
De venir le voir à l'inftant,
Il veut vous faire part d'un objet important.

VINTAIRE.

(*Au Soldat.*)   (*à Valton.*)

Je vais vous fuivre.... Adieu Valton : s'il m'eft poffible,
Je reviendrai bientôt.   (*Il fe retire avec le Soldat.*)

(*La Vivandiere & Julie emportent les
taffes de deffus la table, & fe retirent.*)

VILLEFORT, *à Valton.*

Vous êtes peu fenfible
'Aux faveurs de la Cour. . . .

VALTON.

Je ne les brigue pas...

VILLEFORT.

Il eft fi glorieux de marcher fur vos pas.

FALMOUTH.

Ah ! voici Rofbourg qui s'avance.

VALTON, *avec humeur.*

Tant pis, je n'aime point fes airs d'impertinence.

SCENE VII.

VALTON, VILLEFORT, FALMOUTH, ROSBOURG.

ROSBOURG, *d'un ton suffisant, sans appercevoir*
Falmouth.

Messieurs, quelqu'un de vous pourroit-il être instruit,
Pourquoi le mot de l'ordre a changé cette nuit?....
Je voudrois bien pouvoir éclaircir ce mystere.

VALTON.

Ce n'est qu'à vous, Monsieur, qu'un pareil changement
Doit paroître extraordinaire.....

ROSBOURG.

A propos, deux Soldats de notre Régiment
Ont déserté......

VALTON.

Comment ?

ROSBOURG.

Oui, la chose est certaine,
Cette nuit, du piquet....

VALTON.

Du piquet !....

ROSBOURG.

Je plains bien
Leur infortuné Capitaine :
Ce pauvre diable n'en fait rien....
En honneur, je le plains, car il a tout à craindre....

VALTON.

Monfieur le Comte, pour le plaindre,
Prenez le ton qui vous convient.

FALMOUTH, *fe levant de table.*

(*A Valton.*)
Mon Capitaine, il faut excufer fa jeunesse....

ROSBOURG, *à Falmouth, avec ironie.*

'Ah ! vous voilà, Monfieur !.... je vous cherche par-tout
Pour prendre ma revanche.... avec autant d'adresse,
Vous êtes fûr de votre coup :
Voyons fi vous aurez aujourd'hui bonne chance....

FALMOUTH, *d'un air piqué.*

Savez-vous bien, Monfieur, que ce difcours m'offenfe,
Et que vous me pouffez à bout ?....
Si je vous ai gagné, c'eft fans fupercherie,
Je ne m'abaiffe point à de lâches détours,
Et je n'ai fouffert de mes jours
Une auffi piquante ironie :
Quoique vous foyez fils d'un très-puiffant Seigneur,
Si je n'avois égard pour votre âge......

ROSBOURG, *avec fierté.*

A mon âge,
Monfieur, croyez-vous donc que je manque de cœur ?...
Eh bien ! fortez, venez effayer mon courage !....

FALMOUTH.

Eh bien ! fortons !.....

VALTON, *les retenant.*

Allons, calmez cette fureur.

ROSBOURG.

Pourquoi nous retenir ?....

FALMOUTH.

Monfieur, laiffez-le faire.

VALTON, *d'un ton ferme.*

Non, Meffieurs, vous ferez la paix,
Ou je vous enverrai l'un & l'autre aux arrêts....

ROSBOURG, *à Valton.*

De quoi vous mêlez-vous ? ce n'eft point votre affaire.

VALTON.

Vous vous trompez, c'eft mon devoir,
Et je vous ferai bientôt voir
Que ce différend me regarde....
Hola !....   (*Vintaire arrive.*)

SCENE VIII.

VALTON, FALMOUTH, VILLEFORT,
ROSBOURG, VINTAIRE.

VINTAIRE.

Mais !.... qu'eſt-ce donc ?...

VALTON.

Ton jeune Lieutenant
S'émancipe un peu trop, & j'allois à l'inſtant
 Faire venir ici la garde
Pour le contenir.....

VINTAIRE, à *Roſbourg.*

Quoi ! Monſieur !....
A peine ſortez-vous des mains d'un Gouverneur,
 Que vous vous faites des querelles ?....
Allons, Monſieur le Comte, appaiſez votre humeur,
Ou votre oncle ſaura bientôt de vos nouvelles.

ROSBOURG.

De tout ce que je fais vous pouvez l'informer ;
Mais il faut qu'on m'écoute avant de me blâmer...

VALTON.

Ne cherchez point, Monſieur, des excuſes frivoles :
Après avoir tenu de légeres paroles,
Vous ſortiez pour vous battre....

VINTAIRE.

O Ciel ! qu'ai - je entendu ?
Pour fe battre !.... d'honneur, je refte confondu !...
Qui peut vous infpirer ce deffein téméraire ?
Vous êtes le neveu de notre Général,
Et le Miniftre eft votre pere :
Si vous vous engagez dans un duel fatal,
Vous n'êtes point exempt de notre loi févere :
Votre oncle vous a mis fous mon infpection ;
Si dans fon Régiment il vous donne une place,
C'eft pour vous y conduire avec diftinction :
Si vous ne voulez point encourir fa difgrace,
Soyez plus raifonnable.....

ROSBOURG.

Eh mais ! en vérité,
Prétendez-vous auffi que je fois infulté ?
(*Il défigne Falmouth.*)
Monfieur a pris un ton....

VALTON.

Monfieur devoit le prendre :
Avec un ton railleur vous lui faites entendre
Que s'il gagne en jouant il eft fûr de fes coups ;
Ces propos outrageants font indignes de vous.

ROSBOURG.

Si fa délicateffe en a paru bleffée,

Il a fait un faux jugement;
Je n'ai jamais eu la penſée
De vouloir l'offenſer, j'en fais bien le ferment;
Mais il m'a reproché mon âge....

VALTON.

Ce reproche vous étoit dû,
Il ne doit pas vous faire outrage.

ROSBOURG.

Mais quoique je ne ſois que le dernier venu,
Je n'en ai pas moins de courage:
Contre nos ennemis ſignalant ma valeur,
Je puis bien à quinze ans montrer que j'ai du cœur.

VINTAIRE.

Oui : j'ai lieu d'eſpérer qu'un jour votre vaillance
Relevera l'éclat d'une illuſtre naiſſance;
Alors vous en aurez & la gloire & l'honneur :
Juſques-là la prudence eſt toujours néceſſaire.
Pendant que nous ſommes en guerre
L'on ne doit jamais ſe brouiller.
'Allons, Meſſieurs, il faut vous réconcilier,
Qu'une tendre union ſuccede à la vengeance.

ROSBOURG.

(*A Vintaire.*)   (*A Falmouth.*)
De tout mon cœur.... Monſieur, je reconnois mes torts;

Pardonnez mon inconféquence,
Et foyez mon ami. . . .

FALMOUTH.

Je me rends fans efforts :
Par ce fincere aveu vous réparez l'offenfe,
Et je me fais honneur d'avoir votre amitié. (*Ils s'em-*
braffent.)

VALTON.

Fort bien :

VINTAIRE.

Que tout foit oublié.

VALTON.

De l'amitié goûtez en paix les charmes,
Et pour jamais foyez unis :
Vos jours font à l'Etat : fi vous portez des armes,
C'eft pour vous en fervir contre nos ennemis.

VINTAIRE.

Meffieurs, nous dînerons enfemble, je l'efpere.

VALTON, *à Vintaire.*

Mais, à propos, pour quelle affaire
Le Major vouloit-il te voir ?

VINTAIRE.

Il m'a parlé
De ces deux Déferteurs. . . . fon cœur eft défolé :

Sans

Sans le fecours d'un Capitaine,
Au milieu de la nuit le camp étoit furpris.

VALTON.

Quoi ! c'eft par nos foldats que nous fommes trahis !...

VINTAIRE.

Ils font du Régiment, & je fuis fort en peine....

VALTON.

Quant à moi, j'en ai fourni fix ;
Ils ont tous vieilli fous les armes,
Et j'en réponds.

VINTAIRE.

Pour moi, je n'en puis dire autant,
La jeuneffe des miens excite mes alarmes,
Je crains d'être éclairci fur cet événement.

SCENE IX.

Les précédents, UN SOLDAT.

LE SOLDAT, *accourant vers Valton avec empref-*
fement, & paroiffant fort agité.

Mon Capitaine....

VALTON.

Eh bien !

C

LE SOLDAT,

Le Colonel vous prie
De venir à l'inſtant.... il voudroit vous parler,

VALTON.

Qu'eſt-ce donc ?.... qui peut vous troubler ?...

LE SOLDAT.

Cette nuit, deux Soldats de votre Compagnie
Ont déſerté du piquet,....

VALTON, *furieux.*

Mes Soldats!...
Ciel ! quelle trahiſon!... ce coup affreux m'accable :
Je ſuis au déſeſpoir !... (*Il ſort avec le Soldat.*)

VILLEFORT.

Je vais ſuivre ſes pas
Pour calmer ſa fureur,.... (*Il ſort.*)

SCENE X.

VINTAIRE, ROSBOURG, FALMOUTH.

VINTAIRE.

J'EN suis inconfolable.

ROSBOURG.

Si ces Soldats ont déferté,
Valton n'en eft point refponfable.

VINTAIRE.

Il eft vrai ; mais je crains que fa vivacité
Ne lui fufcite encor quelque fâcheufe affaire :
Je fais que rien ne peut modérer fa colere,
Lorfque par un reproche on a bleffé fon cœur ;
Il eft jaloux du point d'honneur.

FALMOUTH.

Autrefois aucun frein n'arrêtoit fon courage ;
Il n'eft point d'Officiers dans tout le Régiment
Qui fe foient battus fi fouvent ;
Mais il eft bien changé depuis fon mariage :
Perfonne n'eft plus doux que lui, plus généreux,
Plus compâtiffant, plus fenfible ;
Il remplit fes devoirs avec un foin pénible,
Et répand fes bienfaits fur tous les malheureux.

C ij

VINTAIRE.

Oui, de fa bienfaifance il nous donne la preuve :
Son grand cœur fe fignale en toute occafion ;
Et c'eft pour fes vertus que Sophie, étant veuve,
Voulut le préférer au Général Hudfon :
 Pour lui fon amour eft extrême,
 Et Valton la chérit de même ;
 Malgré fes belles qualités,
Elle le craint toujours dans fes vivacités.

ROSBOURG.

A fon rare mérite il faut que j'applaudjffe,
De l'imiter en tout je fuis ambitieux ;
 Mais cependant dans le fervice
Je le trouve fouvent un peu minutieux :
Pour lui plaire on doit être exaƈt en toute chofe,
Et la plupart du temps cela ne fe peut pas ;
Par fa févérité peut-être eft-il la caufe
De la défertion de ces pauvres Soldats. . . .

VINTAIRE.

Oh ! vous ne pouvez point fouffrir qu'on vous domine,
Vous autres jeunes gens !... aveuglés par l'erreur,
 Vous appellez toujours rigueur
 La plus exaƈte difcipline ?...

SCENE XI.

VINTAIRE, ROSBOURG, FALMOUTH, VILLEFORT.

VILLEFORT, *accourant tout essoufflé.*

Ciel! quel affreux événement!

VINTAIRE.

Qu'est-ce donc, Villefort, parlez?....

VILLEFORT.

Mon Capitaine....

VINTAIRE.

Quoi! Valton......

VILLEFORT.

Je respire à peine.....

ROSBOURG.

Eh bien !

FALMOUTH.

Expliquez - vous ?.....

VINTAIRE.

Répondez....

C iij

VILLEFORT, *à part.*

(*Haut.*)   Quel tourment !....
Je ne ſaurois parler, tant mon ame eſt frappée.....
On vient de l'arrêter.....

VINTAIRE.

Dieux !

VILLEFORT.

Il eſt criminel !...

VINTAIRE.

Comment ! qu'a – t- il donc fait ?

VILLEFORT.

Il a tiré l'épée
Devant trente Officiers, contre ſon Colonel !....

ROSBOURG.

Contre ſon Colonel !.....

VILLEFORT.

La Garde le déſarme,
On va le conduire en priſon :
Ses Soldats en pleurant le ſuivent, & l'alarme
Regne dans tout le Bataillon.

FALMOUTH.

Quel malheur !

VINTAIRE.

Je succombe à ma douleur extrême,

ROSBOURG.

Mais comment se peut-il qu'il ait manqué lui-même
    A la subordination,
Lui qui donnoit l'exemple ?...

VINTAIRE.

               Allons sur son passage,
Et ne nous livrons point à notre désespoir :
    Peut - être est - il encor d'espoir.....
Pour sauver notre ami, mettons tout en usage.

           (*Ils se retirent tous.*)

Fin du premier Acte.

ACTE II.

SCENE PREMIERE.

LE COMTE DE BEMBROCK, LICTENER.

(*Bembrock sort d'une tente, d'un air égaré, & plongé dans la plus vive douleur; Lictener le suit tristement, & s'efforce de le consoler.*)

LICTENER, *courant après Bembrock.*

Mon Colonel, calmez le trouble de vos sens,
Suspendez pour quelques moments
Cette douleur qui vous accable !....

BEMBROCK.

Laissez-moi !..

LICTENER, *à part.*

Je le plains !..

BEMBROCK.

Mes tourments sont affreux,
Je suis à moi-même odieux,
Et le jour m'est insupportable !....

LICTENER.

C'eſt trop long temps vous affliger :
Monſieur, remettez-vous ?...

BEMBROCK.

Non...

LICTENER.

Je dois partager
Tout le chagrin qui vous dévore !.....

BEMBROCK.

O jour terrible & plein d'effroi !....
Helas ! pourquoi faut - il que je reſpire encore !
Cher Valton ! ce malheur étoit-il fait pour moi?
Au ſein d'un horrible carnage,
Combien n'ai-je point vu d'intrépides Soldats
Braver la mort avec courage ,
Et devant moi ſubir un glorieux trépas !....
Je vous plaignois alors, victimes innocentes !
Je ne gémiſſois que ſur vous :
Je ſortois triomphant des batailles ſanglantes;
Et ne prévoyois pas que le deſtin jaloux
Seroit un jour, pour moi, mille fois plus barbare !...
J'ai vécu trop long temps !...

LICTENER.

Non : votre eſprit s'égare
Par trop de ſenſibilité.

BEMBROCK.

Eh ! ce n'eſt pas pour moi que je ſuis trop ſenſible ;
    Lorſqu'un événement terrible
Ne frappe que moi ſeul, j'en ſuis moins affecté,
    Ma douleur eſt moins violente,
Rien ne peut m'ébranler dans mon adverſité :
    Mais mon ame compâtiſſante
    Déplore le malheur d'autrui ;
    Et dans le bien que je puis faire,
Je reſſemble à Valton, à mon malheureux frere,
    Que la loi condamne aujourd'hui :
    Si j'ai plus de ſang-froid que lui,
Je le dois à mon âge, à mon expérience.
    Vous ſavez avec quel plaiſir
J'accorde à nos Soldats la moindre récompenſe,
Et quels ſont mes regrets quand je dois les punir.

LICTENER.

A votre humanité nous rendons tous juſtice :
    Votre zele pour le ſervice
N'affoiblit point en vous ce noble ſentiment,
Et vos rares vertus, de tout le Régiment
    Vous ont acquis l'eſtime entiere :
Chaque Soldat en vous retrouve un ſecond pere ;
    Si vous jouiſſez du bonheur
    De captiver ſa bienveillance,
    C'eſt le fruit de votre clémence
Qui vous le fait traiter avec moins de rigueur.

BEMBROCK.

Eh bien ! ce calme heureux qui m'offroit tant de charmes,
    Dans un inftant vient d'être anéanti :
Je dévore en fecret mes tourments & mes larmes :
Sous le poids de mes maux mon œil appefanti
Ne voit qu'un avenir plein de trouble & d'alarmes :
J'ai caufé le malheur du plus brave guerrier,
    Pour avoir été trop fincere. ....

LICTENER.

Ne le préfumez point, fa faute eft volontaire,
    Elle doit vous juftifier.

BEMBROCK.

Non : je ne fuis point excufable,
    C'eft moi qui l'ai rendu coupable :
Je connoiffois Valton & fes emportements ;
    Et malgré mon expérience,
    Loin de calmer fa violence
Par ma févérité, j'ai révolté fes fens :
Je l'ai forcé moi-même à me chercher querelle ;
    Et fi fa faute eft criminelle,
Je ne vois plus en moi que l'auteur de fa mort :
Je ne furvivrai point à fon funefte fort !

SCENE II.

Les précédents, VINTAIRE, FALMOUTH, ROSBOURG.

VINTAIRE.

AH! mon cher Colonel! daignez être fensible
Au malheur de Valton!....

ROSBOURG.

Sauvez, s'il eft poffible,
Ce brave homme..

BEMBROCK.

Ah! Meffieurs! s'il dépendoit de moi,
Vous n'auriez pas befoin d'implorer ma clémence,
Il feroit affranchi des rigueurs de la loi;
Mais mon rang, mon devoir m'en ôtent la puiffance....
Tout eft facrifié pour l'honneur du Soldat.

ROSBOURG.

Comment! de le fauver vous n'êtes donc plus maître!...

VINTAIRE, *à Rofbourg*.

Monfieur, jufqu'à préfent vous n'avez pu connoître
Que le brillant de notre état;
Mais vous verrez un jour des fcenes effroyables
Qui vous feront toutes frémir.....

BEMBROCK.

Il en verra peu de femblables
A celle que Valton va bientôt nous offrir.

FALMOUTH.

Monfieur, nous partageons votre peine cruelle.

VINTAIRE, *à Bembrock.*

Puis-je favoir de vous, fans paroître indifcret,
 Qui peut avoir donné fujet
 A votre funefte querelle ?
 Hier au foir en vous quittant,
 Eûtes-vous quelque différent?....

BEMBROCK.

 Il s'en faut bien : jamais fon ame
Ne m'avoit témoigné tant de zele & d'ardeur :
Je voyois mon ami dans l'époux de ma fœur ;
Le plaifir qu'il avoit du retour de fa femme,
Redoubloit encor plus fon agréable humeur.
Après un entretien pour nous rempli de charmes,
Nous nous fommes quittés les yeux baignés de larmes,
 En exprimant tous nos regrets,
Comme fi nous devions ne nous revoir jamais....

ROSBOURG.

Vous fembliez preffentir quelque malheur étrange !

BEMBROCK.

'Au milieu de la nuit le mot de l'ordre change,
Et l'on vient m'avertir de me rendre à l'inftant
  Chez notre Maréchal - de - Camp:
J'y cours; le Général tranfporté de colere,
M'apprend que deux Soldats de notre Régiment
Ont déferté : « Valton, me dit-il, votre frere
» Mérite un châtiment pour les avoir choifis :
» Si l'on n'avoit donné le fecours néceffaire,
» Le camp alloit être furpris. . . . . . ».
Ce reproche cruel étoit un coup de foudre
'Autant pour moi que pour Valton. . . . .
Il étoit innocent de cette trahifon :
Je cherche à l'excufer, mais rien ne peut l'abfoudre;
Et l'on m'ordonne enfin de le mettre aux arrêts. . . .
  J'appelle Valton pour l'inftruire
Du délit des Soldats, & des ordres fecrets
  Que l'on venoit de me prefcrire :
Mon dépit devant lui ne peut fe retenir;
  Je lui parle de cette affaire
Un peu trop vivement, je dois en convenir :
  (On voit d'un regard plus févere
Les défauts d'un ami que ceux d'un étranger;)
  Mes plaintes femblent l'outrager ;
  Il m'irrite encor davantage :
Je le menace enfin, rien n'appaife fa rage. . . .
Alors je lui fais part qu'un ordre fupérieur
Le condamne aux arrêts. . . . A ces mots la fureur

Le met hors de lui-même; elle égare fa tête...
« Aux arrêts, me dit-il, je ne m'y rendrai pas!...»
Devant trente Officiers, devant mille Soldats,
Il tire contre moi fon épée.... on l'arrête;
Et tout à coup la Garde, avec l'Aide-de-Camp,
Se faififfent de lui.....Dieux!...

VINTAIRE.

Quel affreux moment!
Oui : fa faute eft irréparable.....

FALMOUTH.

Ah! c'en eft fait, il s'eft perdu!....

ROSBOURG, *à Lictener.*

Lorfque vous êtes furvenu,
Monfieur, ne pouviez-vous délivrer le coupable?

LICTENER.

J'obéiffois aux loix : j'ai fait ce que j'ai dû :
Si j'avois pu fauver la vie au Capitaine,
Aurois-je balancé?...

BEMBROCK, *à Lictener.*

J'aurois donné la mienne,
Plutôt que d'obtenir cette grace de vous :
Si mon fang peut fuffire à notre loi févere,
Je priverai ma fœur d'un frere,
Pour lui conferver un époux.

Valton est mille fois plus cher à sa Patrie,
Que moi-même : on doit tout à ce digne Soldat;
Et pendant cette guerre, on sait combien sa vie
  Devient précieuse à l'État.
Lui seul des ennemis préparoit la ruine ;
Mais il a violé l'austere discipline :
Fût-il mon propre fils, la loi doit le punir:
D'un funeste trépas rien ne peut l'affranchir.

ROSBOURG.

O Ciel ! moi qui croyois apprendre le service
Sous un aussi grand maître, il faudroit qu'il périsse !....
Non, non, ce qu'il a fait est digne de pardon,
Et le Prince obtiendra la grace de Valton.

BEMBROCK.

La plus légere faute après une victoire,
Ternit dans un guerrier tout l'éclat de sa gloire :
Je n'ose l'espérer.....

VINTAIRE.
  J'apperçois Villefort...

SCENE

SCENE III.

Les précédents , VILLEFORT.

BEMBROCK, *à Villefort.*

AH! je vous attendois avec impatience,
Eh bien !

VILLEFORT.

Mon Colonel, il n'eſt plus d'eſpérance!

BEMBROCK.

Infortuné Valton !

VILLEFORT.

En faiſant mon rapport,
J'ai fait pour le défendre un inutile effort :
Je me ſuis acquitté d'un cruel miniſtere.
 Le Brigadier ſaiſi d'étonnement
 En apprenant cette importante affaire ,
Au quartier général me conduit à l'inſtant :
Le Maréchal-d -Camp, & les Chefs de l'armée
Sont tous à mon récit pénétrés de douleurs;
La conſternation s'empare de leurs cœurs :
 « Ciel ! quelle eſt notre deſtinée
» Leur dit le Général? faut-il que tous les maux
 » S'uniſſent à la fois pour perdre ce héros?...».

D

Il leur rappelle alors le noble caractere
  Et le mérite de Valton.
  Il vante fa vertu guerriere;
Il leur cite les traits de fa belle action,
Où fa main délivra le Prince qu'on adore.
  A ces mots il ajoute encore:
Que la mort d'un guerrier, l'honneur de fon pays,
Lui feroit en ce jour cent fois plus douloureufe
  Que celle de fon propre fils.....
Ils font tous attendris de l'infortune affreufe
  De cet intrépide Officier:
Devant le Roi, l'Etat & le Confeil de guerre,
Ils s'offrent à l'envi de le juftifier.....
Tous demandent fa grace..... un homme fanguinaire
  Les interrompt dans ce moment,
  Et par une ironie amere,
  Détruit un fi beau fentiment....

   BEMBROCK.

Ciel !

   VILLEFORT.

« Vous avez raifon d'abfoudre le coupable,
» Leur dit le Général Hudfon :
» Le Chef d'un Régiment dans cette occafion,
 » Doit trouver la faute excufable:
» Des rigueurs de la loi lui feul peut s'écarter,
» Sans qu'on puiffe jamais le mal interpréter.... ».
Le Maréchal-de-Camp, après un long filence,
Indigné d'un difcours qu'il ne peut concevoir,

« Eh bien ! Monſieur, dit-il, vous allez bientôt voir
» Que j'aurai pour Valton auſſi peu d'indulgence
    »Que pour le dernier des Soldats ».
Il écrit auſſi-tôt l'ordre de ſa ſentence :
Le Général ému ſe jette dans ſes bras ;
Ils mouillent tous les deux cet écrit de leurs larmes,
Et la pitié ſe joint aux plus vives alarmes.....
« Voilà, s'écrient-ils, le prix de ta valeur,
» Cher Valton : c'eſt toi ſeul qui cauſas ton malheur !.. ».
Le Maréchal-de-Camp au même inſtant m'ordonne
De voir le Lieutenant-Colonel de ſa part ;
    Il veut que l'ordre qu'il lui donne
    Soit exécuté ſans retard. ...
Le voici..... (*Il donne l'écrit au Colonel.*)

VINTAIRE.

(*A part.*)

Vil Hudſon, tes trames odieuſes
Font voir ton caractere & ta férocité !

BEMBROCK, *ayant lu l'écrit.*

O Juges pleins d'intégrité !
Combien vos larmes précieuſes
    Font honneur à l'humanité !
Oui : vous avez frémi ! ... l'homme le plus barbare
En ſignant cet arrêt, doit friſſonner d'horreur !...
    (*Aux Officiers.*)
Mes amis, pardonnez au trouble qui m'égare,
Je ne puis retenir ni cacher ma douleur.

D ij

VINTAIRE.

Ne la contraignez point : elle eſt trop naturelle.

BEMBROCK.

Ma chere Sophie ! ô ma ſœur !
Pour toi quelle affreuſe nouvelle ! ...
Comment te l'annoncer ?... Allez donc, Villefort,
Exécuter cet ordre ; (*à Liſten.*) & vous daignez le ſuivre,
Faites votre devoir..... (*Il remet l'écrit à Villefort.*)

VILLEFORT.

Qu'il m'eſt cruel de vivre !
J'aimerois mieux cent fois aller chercher la mort.
(*Il ſort avec Liſtener.*)

SCENE IV.

BEMBROCK, VINTAIRE, ROSBOURG, FALMOUTH.

ROSBOURG, *à Bembrock.*

AH ! Monſieur, vous ſentez quelle part je dois prendre
A ce fatal événement :
Permettez - moi d'aller me rendre
Vers mon oncle dès ce moment :
Je veux ſauver Valton du ſort qui le menace,
Les Enſeignes du Régiment
Vont tous ſuivre mes pas pour demander ſa grace.

VINTAIRE.

Si, fans les prévenir, ils penfoient comme vous,
 Il en auroient plus de mérite.

ROSBOURG.

 Le même zele les excite:
D'imiter mon exemple ils feront tous jaloux,
Souffrez mon Colonel.....

BEMBROCK.

   Oui, jeune homme eftimable,
Vos nobles fentiments ont pénétré mon cœur:
Vous pouvez contenter votre defir louable;
 Allez vers notre Supérieur;
 Et devinez, s'il eft poffible,
Ce que voudroit lui dire un homme trop fenfible,
Et ce qu'un Colonel n'ofe vous déclarer.....

ROSBOURG.

Fiez-vous à mes foins: je veux tout réparer.

SCENE V.

Les précédents, LICTENER.

LICTENER, *à Bembrock.*

JE viens vous prévenir, Monfieur, que la Comteffe
Eft arrivée au camp !

BEMBROCK.

Ciel ! qu'entends-je, ma fœur....

LICTENER.

Elle veut vous parler....

BEMBROCK.

Ah ! quel nouveau malheur !..

VINTAIRE.

L'époufe de Valton ! ...

LICTENER.

La voici : je vous laiffe....

(*Il fort.*)

BEMBROCK.

(*A part.*)
Comment lui déguifer le trouble qui me preffe !...
(*Aux Officiers.*)
Ne m'abandonnez point dans ces cruels moments !...

SCENE VI.

BEMBROCK, VINTAIRE, FALMOUTH, ROSBOURG , SOPHIE , FLORINE , *plufieurs domeftiques.*

SOPHIE, *fe jetant dans les bras de Bembrock , avec gaieté.*

Mon frere, recevez mes doux embraffements :
                        (*Elle falue les Officiers.*)
Je n'ai pu réfifter à mon impatience !
Vous le voyez ! j'ai fait beaucoup de diligence
Pour vous voir aujourd'hui ! je me fais un plaifir
De furprendre les gens...

BEMBROCK, *embarraffé.*

                    Mais.... pourquoi donc venir....
Ma fœur : votre vifite a lieu de me furprendre,
        Je n'aurois jamais dû m'attendre
A vous revoir au camp pendant cette faifon....

SOPHIE.

Il eft vrai ; mais enfin pouvois-je m'en défendre ?
        Vous en devinez la raifon ,
Et je ne m'en fais point devant vous un mérite :
        Car les deux tiers de ma vifite,
Je dois vous l'avouer, font pour mon cher Valton.
De fes nouveaux exploits, je fuis très-bien inftruite,

                                    D iv

Quoiqu'il n'ait point daigné m'en écrire un feul mot ;
Il s'eft couvert de gloire, & mon cœur la partage.

BEMBROCK.

Ma fœur, je fuis flatté du motif du voyage ;
Mais.... il falloit du moins que vous vinfiez plutôt....

SOPHIE.

Pourquoi ?

BEMBROCK.

Votre démarche eft affez inutile....

SOPHIE.

Que dites-vous ?...

BEMBROCK, *avec beaucoup d'émotion.*

Valton eft parti ce matin....
Il eft allé défendre un pofte difficile
Fort loin du camp....

SOPHIE.

Ah !. Ciel !..

BEMBROCK.

J'ignore le deffein
De notre Général ; mais il faut qu'il rempliffe
Les ordres qu'on lui donne....

SOPHIE, *après un filence.*

Eh bien ! qu'il obéiffe,
C'eft là le feul objet de fon ambition ;
Il aime fon devoir... Ah ! convenez, mon frere,
Que, dans fa derniere action,
Il s'eft fait grand honneur.....

BEMBROCK.

Oui, Sophie; & j'espere

(*A part.*)

Qu'un jour.... grand Dieu ! quelle est ma situation !

LA COMTESSE.

Mais vous soupirez tous. ....

VINTAIRE, *à Sophie.*

L'excellent caractere

De votre cher époux nous touche infiniment !

SOPHIE.

Je suis sensible au sentiment

Que mon cher Valton vous inspire:

(*A Bembrock.*)

Si je ne puis le voir, vous plaît-il de me dire

Mon frere, en quel endroit il a porté ses pas ?...

Daignez m'en informer....

BEMBROCK.

Nous ne le savons pas,

Ma sœur...

SOPHIE.

Vous m'étonnez... qui peut donc m'en instruire

Ici mieux que son Colonel ?.....

BEMBROCK.

(*A Sophie.*)   (*A part.*)

On veut nous le cacher.... quel embarras cruel !...

SOPHIE.

Cela n'eſt pas poſſible. .....

FLORINE, *à Sophie.*

Ils n'oſent vous répondre,
Madame, ils ont l'air interdits. ....

SOPHIE, *vivement.*

Parlez, raſſurez mes eſprits :
Mon frere.... ce ſilence a droit de me confondre ;
Quoi ! Valton eſt ſorti du camp,
Et vous ignorez ſa retraite. ...
Tout ceci m'eſt ſuſpeét, appaiſez mon tourment,
Eloignez le ſoupçon de mon ame inquiete,
De ce myſtere affreux que dois-je préſager ?
Expliquez-vous donc ſans contrainte ....

VINTAIRE.

Non, Madame, Valton ne court aucun danger :
Ce qui dans ce moment excite notre crainte,
C'eſt que les ennemis ſont prêts
A marcher contre nous.... l'on va prendre les armes...
Votre préſence ici redouble nos alarmes. ...

BEMBROCK, *à Sophie.*

Oui, nous avons reçu des ordres très-exprès ;
Le camp est investi, l'ennemi nous menace :
Dans ces lieux il n'est point pour vous de sûreté.
Allez, chere Sophie, éloignez-vous de grace,
Demain nous nous verrons avec tranquillité....
Oui, demain.... (*Il la presse dans ses bras en*

SOPHIE. *soupirant.*)

Mais quel trouble à l'instant vous agite !..
Je vous vois tous frémir.... qui cause votre effroi ?....
Vos yeux baignés de pleurs se détournent de moi....
Ah ! quel pressentiment ! mon cœur ému palpite....
Valton est loin du camp, vous tremblez pour son sort.
Ciel ! mon frere pâlit !... Ah ! mon époux est mort !

VINTAIRE.

Non, Madame, Valton n'a point perdu la vie....
Croyez......

SCENE VII.

Les précédents, UN SERGENT, *troupe de Soldats de la compagnie de Valton.*

LE SERGENT, *en se jetant aux pieds de Bembrock.*

Mon Colonel ! toute la compagnie
Vient vous prier.....

BEMBROCK.

Que vois - je !

VINTAIRE.

(*Aux Soldats.*)   O funefte moment !....
Retirez - vous ?...

LE SERGENT, *au Colonel.*

Monfieur, au nom du Régiment,
'Ayez pitié de notre Capitaine ?
Pour lui nous voulons tous mourir :
Prenez plutôt ma vie, & confervez la fienne.

SOPHIE, *au Sergent, vivement.*

Expliquez-vous ! parlez ! vous me faites frémir ! ...
Ah ! raffurez vîte mon ame !
Quel eft ce Capitaine ?....

LE SERGENT, *fe levant.*

Hélas ! ma chere dame,
C'eft un Dieu bienfaifant qui vous conduit vers nous !
Priez le Colonel, fuppliez votre frere
De conferver les jours de Valton. ..!

SOPHIE.

Mon époux !

LE SERGENT.

C'eft pour le condamner que le Confeil de Guerre
Va bientôt s'affembler ici.

SOPHIE, *dans les bras de Florine, en s'évanouissant.*

Dieu! je meurs!...

VINTAIRE, *à part.*

Mon cœur est saisi!...

BEMBROCK.

Ah! ma sœur!...

FLORINE.

Ma chere maîtresse,
Reprenez vos sens!...

ROSBOURG, *à part.*

Quel regret!...

FALMOUTH.

Quel spectacle touchant!...

BEMBROCK, *au Sergent.*

Hélas! qu'avez-vous fait?
Je ne souffrois donc pas assez de ma détresse!
Pour y mettre le comble il me manquoit ce trait.

LE SERGENT, *avec un noble enthousiasme.*

Eh bien! sauvez Valton, accordez-lui sa grace:
Je vous la demande à genoux.....

(*Il tombe à ses pieds.*)

Il n'est aucun de nous qui ne prenne sa place!

TOUS LES SOLDATS ENSEMBLE,

Au Colonel.

Oui!...

ROSBOURG, *aux Soldats & au Sergent.*

Je n'y puis tenir! amis, confolez-vous,
Le Colonel ne peut rien faire;
Il ne peut rien pour lui, & moins encore pour nous;
Mais je pourrai vous fatisfaire;
Vers notre Général daignez fuivre mes pas!...
Pour fecourir Valton implorons fa clémence;
Vous connoiffez fa bienfaifance :
Aux pleurs de fes braves Soldats
Son magnanime cœur ne réfiftera pas?
Marchons... (*Il fe retire avec le Sergent & les Soldats.*)

SCENE VIII.

BEMBROCK, VINTAIRE, FALMOUTH,
SOPHIE, FLORINE , *fuite de Sophie.*

BEMBROCK, *à part.*

AH! puiffent-ils obtenir leur demande !
(*A Vintaire.*)
Pour vous, prenez foin de ma fœur;
Vintaire, c'eft à vous que je la recommande !
Eloignez-la du camp !...
(*Ils veulent foulever Sophie, pour l'emmener,
mais elle revient à elle tout-à-coup.*)

SOPHIE.

Où fuis-je?... Ciel vengeur !

Où prétendez-vous me conduire?
Parlez! quel eſt votre deſſein?...

VINTAIRE.

Madame!

BEMBROCK, *à part.*

Quel nouveau martyre!

SOPHIE.

Je veux voir mon époux, vous le cachez en vain;
Oui, je prétends le voir puiſqu'enfin il reſpire....

VINTAIRE.

Eh bien! vous le verrez, non pas en ce moment....

SOPHIE.

Qui me refuſeroit ce doux contentement?...
Je veux ſavoir quels ſont ſes crimes?
Vers lui conduiſez donc mes pas?...

VINTAIRE.

Mais, Madame, nos loix ne le permettent pas....

SOPHIE.

Vos loix!... & quelles loix! mes droits ſont légitimes,
Nous ſommes unis par la loi....
C'eſt mon époux!...

BEMBROCK.

Ma ſœur, ayez pitié de moi?
De vous-même....

SOPHIE.

Barbare frere,
Ne m'appellez plus votre sœur....
Tous vos efforts ne font qu'irriter ma douleur,
Comment ai-je du Ciel mérité la colere
Pour perdre Valton dans ce jour?...
De ses vertus, de notre amour,
Un injuste trépas seroit la récompense?...
Après avoir long-temps gémi de son absence,
Je pressois tendrement son fils contre mon sein,
Je venois partager son glorieux destin;
Et l'on pourroit ôter la vie
Au défenseur de la Patrie!...
Qu'a-t-il donc fait?... Parlez, contentez mon desir....
Vous ne répondez rien... cruels!...c'est trop souffrir!
Viens, Florine, suis-moi....

VINTAIRE.

Arrêtez, je vous prie!
Madame.

SOPHIE, *avec fureur.*

Laissez-moi! le Ciel est mon appui!

BEMBROCK.
Ma sœur!...

SOPHIE.

Je veux le voir & mourir avec lui.
(*Elle sort & les autres la suivent.*)
Fin du second Acte.

ACTE

ACTE III.

SCENE PREMIERE.

VINTAIRE, FALMOUTH, LICTENER.

FALMOUTH, à Vintaire.

AH! combien nous fommes à plaindre!
Pour le Confeil de guerre on va fe raffembler....
Ce fpectacle me fait trembler....

VINTAIRE.

Je ne puis éviter ce que j'avois à craindre :
En vain contre les maux mon cœur s'eft affermi:
Il faut donc que j'affifte à ce Confeil de guerre
Pour y voir condamner mon plus intime ami?...

LICTENER.

Telle eft de notre état la contrainte févere,
Nous devons nous foumettre à cette dure loi.

FALMOUTH.

Pourquoi fuis-je forcé d'obéir malgré moi ?

VINTAIRE, à Lictener.

Pour mettre le comble à ma peine
C'eft vous qui me chargez de ce funefte emploi.

E

LICTENER, *à Vintaire.*

Si j'avois pu choisir un autre Capitaine,
Je vous en aurois exempté;
Mais c'étoit votre tour.

VINTAIRE.

Quelle fatalité !
Infortuné Valton, voilà ta récompense ?
Non : je n'aurai jamais assez de cruauté
Pour te prononcer ta sentence.....

FALMOUTH.

Voici notre Major....

VINTAIRE.

Il n'est plus d'espérance...

S C E N E   I I.

VINTAIRE, FALMOUTH, LICTENER, LE MAJOR, *plusieurs Soldats, l'AUDI-TEUR, les OFFICIERS du Conseil de Guerre.*

LE MAJOR, *aux Soldats.*

QUE tout le bataillon environne ces lieux,
Suivez l'ordre prescrit...   (*Les Soldats entourent
la tente du Conseil.*)

(*Aux Officiers.*)

Vous m'attendiez fans doute ;
Meſſieurs.

VINTAIRE.

Non : vous venez aſſez tôt ?

LE MAJOR.

Qu'il m'en coûte
De remplir aujourd'hui mon devoir rigoureux !
Ah ! puiſſe l'ennemi dans ces moments affreux ,
Nous forcer à ſuſpendre un Jugement funeſte !....

VINTAIRE.

Pour conſerver les jours d'un ami malheureux,
C'eſt le ſeul eſpoir qui nous reſte.

LE MAJOR.

Voici le Capitaine.

VINTAIRE.

O Ciel ! c'en eſt donc fait !...

LE MAJOR.

Dans le lieu du Conſeil, Meſſieurs, allez m'attendre ;
Je veux l'entretenir un moment en ſecret :
Avec lui près de vous, je vais bientôt me rendre.

(*Les Officiers entrent dans la tente du*
Conſeil avec les Soldats.)

E ij

SCENE III.

LE MAJOR, VALTON, *troupe de Soldats.*

LE MAJOR, *à Valton.*

JE m'acquitte à regret de ma commiſſion :
Monſieur, vous avez vu toujours avec quel zele
J'ai pris votre défenſe en toute occaſion ;
Je la prendrois encor ; mais notre loi cruelle,
Malgré nous, vous condamne à ſubir le trépas.
 Pouvons-nous vous croire coupable,
Vous qui ſerviez en tout de modele aux Soldats ?...

VALTON.

Oui : je ne ſuis point pardonnable !
J'ai trahi mon devoir envers mon ſupérieur :
Je devois modérer l'excès de ma fureur.

LE MAJOR.

C'eſt un mouvement de colere :
Je ſais que votre cœur n'étoit point criminel....

VALTON.

Je me ſuis révolté contre mon Colonel,
Et l'on doit m'en punir.....

LE MAJOR.

   Mais il eſt votre frere :
Par un reproche trop ſévere
Vous auroit-il bleſſé ?....

VALTON.

Non : je favois la loi,
De mon emportement je n'accufe que moi.

LE MAJOR, *embarraſſé & ému.*

N'auriez-vous point, Monfieur, quelquechofe à me dire ?

VALTON.

Non : j'en dit affez, cela doit vous fuffire.

LE MAJOR, *en levant les épaules.*

Ayez donc la bonté de me fuivre...

> (*Valton ſe met au milieu des Soldats, & il*
> *entre avec le Major dans la tente du Conſeil*
> *de Guerre : le Colonel arrive au même inſtant.*)

SCENE IV.

BEMBROCK, VILLEFORT.

BEMBROCK, *ſuivant des yeux Valton.*

AH! Valton !....
Malheureux ! on l'entraîne... il n'eſt plus de pardon !...
Sa vue a redoublé le tourment qui m'accable :
Oui, j'ai caufé fa perte; elle eſt inévitable :
C'eſt moi feul qu'ils doivent punir !...

E iij

VILLEFORT.

Il eft encor d'efpoir....

BEMBROCK.

Comment le fecourir ?
Je ne puis le fauver ni demander fa grace....
Il pourroit détourner le coup qui le menace ;
S'il vouloit accufer l'excès de ma rigueur ;
Mais fa fermeté, fon honneur
Au plus innocent artifice,
Ne foumettront jamais fon cœur.
Oui : fon intégrité hâtera fon fupplice.....
Que ne puis - je le rendre aux vœux des fes amis,
Aux cris de fon époufe, aux larmes de fon fils !
Ce funefte moment pour jamais nous fépare....
Honneur cruel !... devoir barbare !
Mon ami, mon cher Villefort,
Allez, il en eft temps encor ;
Rappellez fes vertus à fes Juges terribles,
Excitez la pitié dans leurs ames fenfibles ;
De ce brave Soldat faites valoir les droits,
Faites parler pour fa défenfe,
Son intrépidité dans fes derniers exploits,
Et quinze ans de travaux, de gloire & de vaillance.

VILLEFORT.

Raffurez - vous,.... je vais faire ce que je dois.
(Il entre dans la tente où fe tient le
Confeil de Guerre.)

SCENE V.

BEMBROCK, *seul.*

SUIVRONT-ILS envers lui notre loi rigoureuse?
    La feront-ils exécuter?....
O Ciel!... écartons-en la certitude affreuse,
    Je ne pourrois la supporter.
    O Valton! mon ami, mon frere!...
    Si l'on t'interroge à préfent,
    Adoucis ton fier caractere:
    Cede à la nature un inftant,
    Et que fa voix te juftifie.
Pour ma fœur, pour ton fils, fais ce fublime effort;
Conferve-toi pour moi, pour ta chere Sophie....
Si ma févérité doit te coûter la vie,
J'expierai ce crime en me donnant la mort....
Mais que dis-je? il faut faire un plus grand facrifice!
    Je veux furvivre à mon malheur!...
Oui, je vivrai plutôt pour confoler ma fœur,
Pour préferver fes jours d'un éternel fupplice;
Si je n'exiftois plus, qui feroit fon foutien?
Ah! voici Villefort!....

SCENE VI.

BEMBROCK, VILLEFORT,

VILLEFORT, *sortant du Conseil, accablé de douleur, & se jetant dans les bras de Bembrock.*

Mon Colonel !...

BEMBROCK.

Eh bien !...
'A-t-on prononcé la sentence ?....
Parlez, vos sens sont éperdus.... .
Ce désespoir & ce silence
Ne m'en disent que trop.....

VILLEFORT, *à part.*

Nos vœux sont superflus.

BEMBROCK.

Mon cœur le pressentoit....

VILLEFORT.

Ah ! mon cher Capitaine !

BEMBROCK.

C'est moi qui cause son trépas :
Je veux le voir encor, & périr dans ses bras.....
(*Il veut entrer dans la tente du Conseil, mais Villefort l'arrête.*)

VILLEFORT, *le retenant.*

Arrêtez, n'allez point redoubler votre peine?

BEMBROCK.

Laissez-moi.....

VILLEFORT.

Cachez vos transports
Aux yeux des Officiers.

BEMBROCK.

Ils verront mes remords.

VILLEFORT.

Non : souffrez que je vous emmene,
Votre ressentiment a le droit d'éclater
Contr'un Jugement si févere;
Mais le Conseil pourroit le mal interpréter.
Venez.....

BEMBROCK.

A mon desir il faut donc résister :
Eh bien ! je verrai seul mon frere.

VILLEFORT.

Il vient, éloignez-vous.

BEMBROCK.

Dieux! quel est mon tourment?
(*Ils se retirent.*)

SCENE VII.

VALTON, LE MAJOR, VINTAIRE, FALMOUTH, L'AUDITEUR, LE PRÉ-VOT, *plusieurs* **OFFICIERS,** *une troupe de Soldats.*

VALTON, *aux Officiers, avec fermeté.*

Messieurs, sans murmurer j'approuve ma sentence :
    Si de la part du Régiment
    Je mérite quelque indulgence,
Qu'on daigne m'accorder une heure seulement
Pour apprendre mon sort à ma chere Sophie :
    Je voudrois voir aussi mon Colonel
    Avant que l'on m'ôte la vie ;
    C'est envers lui que je suis criminel :
Son cœur est généreux, il sait combien je l'aime,
Et je veux obtenir mon pardon de lui-même.

LE MAJOR.

(*A Valton.*)
Nous nous conformerons à votre volonté :
(*Aux Soldats.*)
    Soldats, pendant une heure entiere,
Laissez le Capitaine en pleine liberté :
        (*A Valton.*)
Retirez-vous..... je vais prévenir votre frere :
    Hélas ! mon cœur s'étoit flatté

De vous rendre un plus grand service....
Si vous aviez voulu, Monſieur, vous vous ſauviez....

VALTON, *avec une noble fierté.*

Comment! moi me ſauver par un lâche artifice!
Vous avez fait pour moi plus que vous ne deviez:
J'ai trahi mon devoir, il faut qu'on me puniſſe.

(*Le Major ſe retire ainſi que l'Auditeur, le
Prévôt, les Officiers & une partie des Soldats.*)

SCENE VIII.

VALTON, VINTAIRE, FALMOUTH,
pluſieurs Soldats dans le lointain.

VALTON, *à Vintaire qui eſt conſterné.*

Vous gémiſſez tous, mes amis,
Pourquoi vous affliger? ne ſuis-je point coupable?
N'ai-je point violé les loix de mon pays?....
Combien d'autres que moi pour un crime ſemblable,
Ont mérité d'être punis!

VINTAIRE, *avec tranſport.*

Mais pour une faute excuſable,
Tu ſeras le premier qui ſubira la mort.....
Il m'a fallu ſigner un arrêt ſi barbare,...
Ah! ſi je m'en croyois,...

VALTON.

Modere ce tranfport....

VINTAIRE.

O Ciel !....

FALMOUTH.

En admirant votre vertu fi rare
Nous vous condamnons au trépas.

VALTON.

L'image de la mort ne m'épouvante pas :
Je ne déplore point ma propre deftinée,
Avec tranquillité je defcends au tombeau ;
   Mais une époufe infortunée,
   Un fils que je laiffe au berceau ,
   Tour-à-tour déchirent mon ame :
Je livre au défefpoir ces objets fi touchants ;
   Voilà mes plus cruels tourments !...
   Que pourrai-je écrire à ma femme ?...
De quel horrible coup je vais frapper fon fein !...

               (Sophie paroît.)

Dieux ! que vois-je ? c'eft elle !...

SCENE IX.

VALTON, VINTAIRE, FALMOUTH , SOPHIE , *les Soldats dans l'éloignement.*

SOPHIE, *se jetant dans les bras de Valton.*

AH! cher Valton !...

VALTON.

Sophie !

Qu'as-tu fait? quel eſt ton deſſein?...

SOPHIE.

Je viens pour te ſauver la vie?
(*Aux Officiers.*)
Cruels! vous avez donc condamné mon époux?...
Et vous ne craignez point que le Ciel en courroux
Ne me venge bientôt de votre barbarie !...
Tremblez! redoutez ma fureur !...

VALTON.

Ils ſont tous innocents, appaiſe ta douleur.

SOPHIE.

Eux innocents?... non, je ne puis le croire!
Sont-ce là les lauriers qui couronnent ta gloire:
Eſt-ce donc là le prix que mérite un vainqueur ?
Victime de leur injuſtice ,

Pour récompenfer ta valeur,
C'eft l'envie aujourd'hui qui te livre au fupplice?...

VINTAIRE.

Quels reproches fanglants! ... fi vous pouviez favoir....

SOPHIE.

Pourquoi donc vouliez-vous m'empêcher de le voir?

FALMOUTH.

Lorfque vous êtes furvenue
Le Confeil alloit fe tenir,
Et vous ne pouviez point vous offrir à fa vue.

SOPHIE.

Deviez-vous m'éloigner pour le faire périr?
Quelle trahifon manifefte!

VALTON.

Ils faifoient leur devoir.... mais quel hafard funefte,
Te ramène vers moi dans ce malheureux jour?...

SOPHIE.

C'eft ma tendreffe, mon amour!
Tu viens de t'acquérir une gloire immortelle:
Le bruit de tes exploits enfloit ma vanité,
Je venois partager ta victoire nouvelle,
Et combler ma félicité....
Mais, grand Dieu! quel revers m'opprime!

Loin de voir mon époux joyeux & triomphant,
   Je le trouve au bord de l'abîme,
Au milieu des bourreaux qui vont verser son sang!

VALTON.

Calme-toi ; mes amis méritent ton estime!
De mon cruel destin ils souffrent plus que moi!
   Sois sûre, ma chere Sophie,
Que pour me garantir des rigueurs de la loi
   Chacun d'eux donneroit sa vie;
   N'accuse ici que ma fureur ;
Rien ne peut me sauver, j'ai fait seul mon malheur !

SOPHIE.

Ciel! qu'entends-je ? Valton! Ah! mon cœur se déchire !
Qui, moi, je te perdrois ! cruel ! qu'oses-tu dire?
   Non : rien ne doit nous séparer.
Si la voix de l'amour ne peut te rassurer,
Ne fermes point l'oreille aux cris de la nature;
   Entends la pitié qui murmure,
   Et souviens-toi que ton enfant
Du fond de son berceau t'appelle en bégayant;
   C'est de toi qu'il tient la lumiere,
   Tu dois te conserver pour lui :
   Hélas! s'il n'avoit plus de pere,
   Qui seroit un jour son appui?

VALTON.

Sophie, à ton amour si je prétends encore,

Ne cherches point à redoubler
L'affreux tourment qui me dévore ;
Tes plaintes, tes regrets ne font que le combler :
Il faut que la loi s'accomplisse.
En attaquant mon Colonel,
Je me suis rendu criminel,
Il est juste que je périsse.
Le Roi, pour prévenir le désordre & l'abus,
A donné cette loi terrible :
Pour conserver mes jours tes vœux font superflus.

SOPHIE, *se jetant dans ses bras.*

Grand Dieu ! qu'entends-je ? est-il possible ?
L'on auroit tant de cruauté.....
Quoi ! pour une vivacité,
Cette loi rigoureuse exigeroit ta vie ? . . .
Non : tu ne mourras point, & ta chere Sophie
Va prévenir l'effet de cet arrêt fatal.....
Oui : je vais me jeter aux pieds du Général ;
Je vais implorer sa clémence :
C'est à lui seul que j'ai recours ;
Il protégera l'innocence,
Et j'attends tout de son secours.

(*Aux Officiers.*)

Vous, Messieurs, pendant mon absence,
Vous me répondrez de ses jours.
Si mes larmes & mes prieres
Du Chef & des Soldats ne touchent point le cœur,
Si rien ne peut enfin désarmer leur rigueur,

Devant

Devant leurs armes meurtrieres
Je faurai braver leur fureur ,
Je mettrai fin à mon martyre :
Fiere de mon trépas, contente de mon fort,
S'il faut que mon époux expire,
Dans fes bras avec lui je recevrai la mort.

(*Elle fe fauve en courant.*)

SCENE X.

VALTON , VINTAIRE , FALMOUTH.

VALTON.

Arrête!... ô déplorable femme !...

FALMOUTH.

Ah! quel trouble agite fon ame !

VINTAIRE.

Je ne faurois blâmer fon jufte defefpoir.

VALTON, *à Vintaire.*

Aux foins les plus preffants il eft temps de pourvoir :
(*A part.*)
Suis-moi.... fenfible époufe ! ô ma chere Sophie !
C'eft vainement que ton amour

F

Fait un dernier effort pour conferver ma vie:
Tu frémiras à ton retour.

(Valton entre dans une tente avec Vintaire, & fes Soldats en gardent l'entrée : Falmouth fe retire d'un autre côté.)

Fin du troifieme Acte.

ACTE IV.

SCENE PREMIERE.

VALTON, VINTAIRE, *plusieurs Soldats ; ils sortent de la tente.*

VALTON, *tenant à sa main un paquet cacheté.*

(*A Vintaire.*)

Les moments me font chers, bientôt l'heure m'appelle ;
(*Il l'embrasse.*)
O mon ami !... mon cœur est enfin soulagé....
    J'ai tout prévu, tout arrangé,
  Et je me confie à ton zele.

VINTAIRE, *le pressant dans ses bras.*

L'on va nous séparer.... quel moment douloureux !....

VALTON, *lui donnant le paquet.*

Je remets en tes mains ce dépôt précieux :
Exécute avec soin ma volonté derniere.

VINTAIRE.

Tes ordres font sacrés, je remplirai tes vœux.

VALTON, *d'un air impatient.*

Je ne vois point venir mon frere,
Qui pourroit l'empêcher de s'offrir à mes yeux?

VINTAIRE.

Que vois-je! qui vient nous furprendre?

SCENE II.

VALTON, VINTAIRE, VILLEFORT,
UN SERGENT, *troupe de Soldats de la
Compagnie de Valton.*

VILLEFORT.

Souffrez que vos Soldats paroiffent devant vous,
Mon Capitaine, & daignez les entendre;
Ils pleurent, ils gémiffent tous:
De vous les préfenter je n'ai pu me défendre.

VALTON, *aux Soldats, avec fermeté.*

Mes camarades, mes amis,
Diffipez vos regrets, foyez moins attendris:
Le noble fentiment qui vers moi vous entraîne
Me donne une preuve certaine
Combien de vous je fuis aimé:
Ne vous alarmez point.....

LE SERGENT.

Mon brave Capitaine !
Si notre Roi pouvoit être informé
Du fort cruel qui vous menace,
Il ne fouffriroit point cet horrible attentat ;
Vous auriez bientôt votre grace :
Sa clémence la doit au foutien de l'État.
Nous pouvons l'attefter, au milieu du carnage,
Vous feul animiez le Soldat :
C'eft à votre valeur qu'il devoit fon courage ;
Vous lui ferviez d'exemple en toute occafion :
Dans votre derniere action
Nous en avons reçu le plus grand témoignage :
Vous nous avez fait voir votre intrépidité
En bravant un péril extrême ;
Et le jeune Prince lui - même
N'a dû qu'à vous fa liberté :
A ce trait généreux l'on feroit infenfible,
Et l'on auroit la cruauté
De vous donner la mort ? ... ô Ciel ! s'il eft poffible
Que dans ce jour vous nous foyez ravi,
Le fervice eft anéanti ;
Oui ; nous condamnons tous un Jugement barbare.

VALTON.

Votre amitié, pour moi, vous trouble & vous égare :
En vantant ici ma valeur,
De tant d'autres guerriers ne bleffez point l'honneur ;

Il reste encor à la Patrie
Des hommes plus braves que moi.

LE SERGENT.

Vous les surpassez tous, je vous le certifie ;
    Depuis trente ans je sers le Roi,
Et j'ai déjà changé sept fois de Capitaine :
J'avois toujours rempli mes devoirs avec peine ,
    J'obéissois en murmurant ;
    Mais sous votre commandement
L'existence jamais ne me parut si chere :
    Vous nous traitez avec douceur,
Quoique vous nous donniez un exemple sévere ;
Et le moindre Soldat voit dans son Supérieur
    Autant son ami que son pere......
S'il faut vous perdre, enfin quel sera notre espoir ?....
Ah ! pour vous conserver je donnerois ma vie !...

VALTON.

Vivez pour servir la Patrie ,
    C'est là votre premier devoir ;
Vous avez tous des droits à ma reconnoissance,
    Et vous en verrez les effets.
Adieu, mes chers amis.... déjà l'heure s'avance ,
Au-delà du tombeau j'emporte vos regrets.

SCENE III.

Les précédents, LICTENER.

LICTENER, *à Valton.*

Monsieur, le Colonel defire
Vous parler fans témoins.....

VALTON, *à Lictener.*

Qu'il viene, je l'attends....
(*Aux Soldats.*)   (*Lictener fort.*)
Vous voyez, mes amis, que j'ai bien peu de temps :
Que pourrions - nous encor nous dire ?
Allez..... je fuis fenfible à vos foins empreffés....

LE SERGENT, *lui preffant les mains avec tranfport.*

Mon Capitaine.....

VALTON.

Obéiffez.....

LE SERGENT, *vivement.*

Non, non, toute la Compagnie
Ne vous fait pas encor fes adieux;
Oui : nous vous fuivrons en tous lieux :
Ah! que ne pouvons-nous auffi perdre la vie!....
(*Ils fe retirent tous en levant leurs mains vers le Ciel.*)

F iv.

VILLEFORT.

(*A Valton.*)

Voici le Colonel..... je m'éloigne avec eux.

(*Il fort.*)

SCENE IV.

VALTON, VINTAIRE, BEMBROCK.

VINTAIRE, *à Valton.*

JE me retire auffi.....

BEMBROCK, *retenant Vintaire.*

Non : demeurez Vintaire,
Pour vous je n'ai rien de fecret.
Ah ! malheureux Valton !

(*Il fe jette dans fes bras.*)

VALTON.

Mon Colonel !

BEMBROCK.

Mon frere !

VALTON

J'ai pris la liberté,....

BEMBROCK.

Cruel ! qu'as - tu donc fait ?
Ou plutôt qu'ai - je fait moi - même ?

VALTON.

Je vais être puni de ma fureur extrême,
Et mon cœur vous en doit la réparation.
Il est temps qu'avec vous je me réconcilie :
Avant qu'on m'arrache la vie ,
Je veux de votre bouche obtenir mon pardon.

BEMBROCK.

Ton pardon....

VALTON.

Ce n'est point la haine ou la vengeance
Qui m'ont conduit à cet égarement,
Vous le savez.....

BEMBROCK.

Mais toi peux - tu dans ce moment
Me pardonner ma violence ?
Je devois ménager ta sensibilité,
C'est moi qui t'ai perdu par ma seule imprudence.

VINTAIRE (à part.)

O cruelle fatalité !

VALTON.

Non : je connois ma faute, & j'en suis la victime.

BEMBROCK.

Si j'eusse été moi seul le témoin de ton crime,
Tu serois innocent ; dans un profond oubli
Ma tendresse pour toi l'auroit enseveli.
　　Mais, hélas ! que pouvois-je faire
　　Quand tout déposoit contre toi ?

VALTON.

Je mourrai satisfait, tranquille & sans effroi
Si j'obtiens à présent le pardon de mon frere !

BEMBROCK.

C'est ton cœur généreux qui cherche à m'excuser....
Oui, reçois mon pardon !... puis-je le refuser ?

　　　　　　　(*Ils s'embrassent étroitement.*)

VALTON.

　　Vous rendez la paix à mon ame !...
Je laisse entre vos mains ma déplorable femme ;
Calmez son désespoir, daignez la consoler ;
Veillez sur le destin d'une épouse chérie.

BEMBROCK.

　　Quand le malheur vient m'accabler,
Est-il en mon pouvoir de consoler Sophie ?

VALTON.

Prenez soin de mon fils, soyez son conducteur....

(*Vintaire.*)
Et toi, conferve-lui cette amitié fincere
Que m'a toujours voué ton cœur.

V I N T A I R E.

Ton fils héritera des vertus de fon pere.

V A L T O N.

Que mon fort malheureux lui ferve de leçon !

B E M B R O C K, *avec tranfport.*

Raffure-toi, mon cher Valton,
J'adopterai ton fils : oui, je veux qu'il foutienne
L'honneur de ta famille & l'éclat de ton nom !

V A L T O N.

Je defire fur-tout que Villefort obtienne
Ma place dans le Régiment ;
Il a depuis long temps acquis ma confiance,
Je lui dois cette récompenfe
Pour fon fidele attachement.

V I N T A I R E, *à Bembrock.*

Quelle ame noble & généreufe !

B E M B R O C K, *à Valton.*

Tes defirs feront accomplis,
Si je puis fupporter une vie odieufe.

VINTAIRE, *à Bembrock.*

Quelle perte pour ſes amis!

VALTON, *d'un air ſerein.*

Enfin mon eſprit eſt tranquille....
(*A Bembrock.*)
Il faut nous ſéparer.... Adieu, mon Colonel....
Eloignez-vous.... (*Il l'embraſſe.*)

BEMBROCK.

J'éprouve un ſupplice cruel!

VALTON.

Ceſſez une plainte inutile,
Adieu; ne vous affligez pas.

BEMBROCK, *à part.*

Je ne pourrai jamais ſurvivre à ſon trépas. (*Il ſort.*)

SCENE V.

VALTON, VINTAIRE.

VALTON, *après un ſilence.*

MA Sophie.... à préſent qu'eſt-elle devenue?...
Elle doit être au déſeſpoir....
Je voudrois encor la revoir,
La preſſer dans mes bras.... mais je crains plus ſa vue
Que l'horrible aſpect de la mort!...

VINTAIRE.

J'ignore dans quels lieux elle s'eſt retirée.

VALTON, *ayant regardé ſa montre.*

C'en eſt fait, l'heure eſt expirée ,
Suis-moi, mon cher ami, je vais finir mon fort!
(*Ils entrent dans une tente, & les Soldats les ſuivent.*)

(*Le Théatre change & repréſenté d'un côté une campagne
entourée d'arbres, & de l'autre une partie du camp.*)

SCENE VI.

LE MAJOR, FALMOUTH, VILLEFORT, LICTENER.

LE MAJOR.

Nous n'avons plus l'eſpoir de lui ſauvér la vie;
Il nous faut immoler ce guerrier vertueux;
C'eſt la loi qui nous force à cette barbarie.

VILLEFORT.

On va le conduire en ces lieux,
J'en friſſonne d'horreur !...

FALMOUTH.

Que mon ame eſt ſaiſie !

LICTENER.

Les Soldats en frémissent tous ;
On voit dans leurs regards éclater leur courroux ;
Ils n'obéissent qu'avec peine.

VILLEFORT.

Grand Dieu ! quel exemple pour nous !

LICTENER.

Ils pleurent tous leur Capitaine !...

FALMOUTH.

Le voici....

LICTENER.

Quel courage !

LE MAJOR.

Et quelle fermeté !

(*Les Soldats arrivent sur l'air d'une marche ; le Major les fait ranger en demi-cercle, de sorte qu'ils environnent les trois quarts du Théatre, en face du lieu où doit se faire l'exécution.*)

VILLEFORT, *à part.*

Cher ami, voilà donc le terme de ta gloire !....

FALMOUTH, *à Villefort.*

Il marche vers sa tombe avec sécurité,
Comme s'il triomphoit après une victoire.

SCENE VII.

Les précédents, VALTON, VINTAIRE,
troupe de Soldats.

VALTON, *avec fermeté, après un silence.*

VOICI le lieu fatal où loin du champ d'honneur
L'on va terminer ma carriere :
Je ne puis le voir fans horreur !...
Je ne chériffois la lumiere
Que pour fubir un jour un trépas glorieux :
Vains projets qui flattiez mon cœur ambitieux,
Avec moi pour jamais rentrez dans la pouffiere !
C'étoit pour vous anéantir,
Que je vous avois fait éclorre :
De mon brillant deftin je n'ai vu que l'aurore....
Qu'importe, tôt ou tard ne faut-il pas mourir ?...
Adieu, mes chers amis....

(*Il embraffe Vintaire & Villefort,*
enfuite le Sergent.)

LE SERGENT, *à Valton.*

O Ciel !... mon Capitaine !...

VALTON, *aux Soldats.*

Que mon exemple vous apprenne
A refpecter vos Supérieurs ?
Obéiffez aux loix, & que la violence

Ne maîtrise jamais vos cœurs.
Je déclare en votre présence
Que c'est moi seul qui suis cause de mes malheurs,
Et que j'approuve ma Sentence.
(*Aux Officiers.*)
Amis, éloignez-vous d'un spectacle effrayant....
Adieu..... Monsieur le Commandant,
Que cette bourse se partage
Entre tous les Soldats qui vont tirer sur moi....

(Il lui donne sa bourse.)

(*Un Soldat s'approche de lui en lui, présentant un mou-
choir blanc pour lui bander les yeux ; mais Valton le
refuse avec fermeté, & dit :*)

Je n'en ai pas besoin, mon cœur est sans effroi :
J'ai vu cent fois la mort devant moi, son image
　　N'est point faite pour m'émouvoir. (*Le Soldat se*
(*Aux Soldats qui doivent tirer sur lui.*)　　　　*retire.*)
　　Braves Soldats, prenez courage,
　　Et remplissez votre devoir.

(*Valton se met contr'un arbre un genou à terre, à l'entrée
de la coulisse ; pendant que les Soldats se disposent à le
coucher en joue, ils sont interrompus par l'arrivée du
Prince, qui empêche d'achever l'exécution. Sophie, qui
suit le Prince, se jette dans les bras de son époux.*)

SCENE

SCENE VIII.

Les précédents , LE PRINCE, SOPHIE, BEMBROCK, ROSBOURG.

LE PRINCE *&* SOPHIE *ensemble, en se jetant devant les Soldats.*

ARRÊTEZ, arrêtez !...

ROSBOURG.

C'est le Prince.

VALTON.

Ah ! Sophie !

LE PRINCE, *aux Soldats.*

O Ciel ! qu'alliez-vous faire ?... Eloignez-vous, Soldats !
Barbares, respectez une si belle vie.

VALTON, *à Sophie.*

Je meurs de plaisir dans tes bras !

SOPHIE.

Cher époux !

VALTON.

C'est toi que j'embrasse !
Mon Prince !...   (*Il se jette à ses pieds.*)

G

LE PRINCE, *le relevant.*

O mon ami! je viens tout réparer.
Si des bords du tombeau j'ai pu te retirer,
C'est au deftin que j'en rends grace ;
Oui, je bénis ce jour, je veux le confacrer
Par une fête folemnelle !
Valton de nos Guerriers eft l'illuftre modele,
Et l'on ofoit verfer fon fang !...
Lorfque par fa valeur il fauva la Patrie,
Je n'oublirai jamais que je lui dus la vie.
Je m'acquitte envers lui dans cet heureux moment.
O mon libérateur ! mon ange tutélaire !
Si j'étois arrivé trop tard....
Dieu ! j'en frémis encor !... mais enfin le hafard
N'a point voulu m'être contraire.
Ta grace eft accordée.... (*à Sophie.*) Etouffez vos regrets,
Tendre époufe, aimable Sophie,
Je veux que mon ami ne me quitte jamais....

SOPHIE.

Ah ! que mon ame eft attendrie !

LE PRINCE.

Pour récompenfer fes hauts faits,
Le Roi puis deux jours a nommé ce brave homme
Lieutenant-Colonel du premier Régiment,
Et d'après fon aveu, moi-même je le nomme
Notre premier Aide de-Camp,
En voici les Brevets... (*Il lui donne les Brevets.*)

VALTON, *prenant les Brevets:*

Je n'ai rien fait encore
Qui puisse mériter cette grande faveur
Dont notre Souverain m'honore. ...

ROSBOURG, *à Bembrock, avec transport.*

Mon Colonel, je suis au comble du bonheur !
Enfin, par sa bonté suprême,
Le Ciel a secondé mes vœux ?

BEMBROCK, *à Rosbourg.*

Quoi ! ce seroit par vous ?

LE PRINCE, *à Bembrock.*

Oui, Monsieur, c'est lui-même
Qui, pour sauver Valton, m'a conduit en ces lieux.

VALTON, *à Rosbourg.*

Que ne vous dois-je point!... quelle reconnoissance !...

ROSBOURG.

Vous ne me devez rien : touché de votre sort,
Je n'ai suivi qu'un doux transport :
Une bonne action porte sa récompense ;
Mon cœur pour vous servir n'a fait aucun effort.
Ne pouvant attendrir mon oncle par mes larmes,
Je le quittois en gémissant ;
J'étois au désespoir..... un courier à l'instant
Qui devançoit le Prince, appaise mes alarmes ;

G ij

Il m'apprend son retour au camp.....
Transporté de plaisir, je vole à son passage,
J'embrasse ses genoux, j'implore son secours :
Il arrive à propos pour conserver vos jours,
Et l'effet du hasard a fini mon ouvrage.

SOPHIE, *à Rosbourg.*

Vous m'êtes à présent aussi cher que mon fils.

(*On tire un coup de canon.*)

ROSBOURG.

Qu'entends-je ?... le canon !...

LE PRINCE.

Ciel ! serions-nous surpris ?

VALTON.

Que nous arrive-t-il ?

VINTAIRE.

Qui peut causer ce trouble ?

ROSBOURG.

C'est quelque grand événement ! ...

(*Le bruit du canon continue toujours.*)

VALTON.

Mais le bruit du canon redouble....

(*On entend le son des trompettes, des fifres & des tym-
bales.*)

LE PRINCE.

L'alarme eſt dans le Régiment.

VINTAIRE.

Par-tout la trompette réſonne......

SCENE IX & derniere.

Les précédents, UN SOLDAT.

LE SOLDAT, *accourant.*

L'ENNEMI vient à nous ; le Général ordonne
Que l'armée à l'inſtant ſe diſpoſe à marcher.
(Il ſort.)

LE PRINCE, *avec tranſport.*

Enfin ils viennent nous chercher ;
Hâtons-nous de prendre les armes....
(*A Valton.*)
Marchons.... prends mon épée.... (*Il lui donne ſon epèe.*)

VALTON.

O deſtin plein de charmes!
Je vais me ſignaler dans un nouveau combat !
Que la vie à préſent me devient précieuſe !
Mon ame n'eſt ambitieuſe
Que de verſer mon ſang pour défendre l'Etat !
De nos fiers ennemis allons punir l'audace.

Puiffé-je dans ce jour, par de brillants exploits,
  Me rendre digne de la grace
Que vient de m'accorder le plus jufte des Rois !

(Les Soldats défilent à pas redoublé fur l'air d'une marche ;
Valton donne la main à Sophie, & fe retire avec le Colonel
& les autres Officiers, ce qui termine le Spectacle.)

Fin du Drame.

APPROBATION.

J'ai lu, par ordre de M. le Lieutenant-Général de Police,
la Difcipline Militaire du Nord, Drame en quatre Actes, en vers ;
& je n'y ai rien trouvé qui m'ait paru devoir en empêcher la
repréfentation ni l'impreffion. A Paris, ce 4 Octobre 1781,
                                          SUARD.

Vu l'Approbation, permis de repréfenter & imprimer,
                  LE NOIR.

Chez L. JORRY, Imprimeur-Libraire de MONSEIGNEUR
LE DAUPHIN, rue de la Huchette.

www.ingramcontent.com/pod-product-compliance
Lightning Source LLC
Chambersburg PA
CBHW060639100426
42744CB00008B/1689